RADE DE FORT-DE-FRANCE ET LE FORT SAINT-LOUIS.

(Photographie communiquée par MM. Alcide Picard et Kaan.)

LES FRANÇAIS A LA MARTINIQUE

LOUIS GARAUD.

La Martinique est, pour la superficie, la seconde (après la Guadeloupe) de nos petites Antilles françaises. Son nom vient du caraïbe *madinina*. Colomb la découvrit, à son quatrième voyage, le 15 juin 1502. Mais les Espagnols n'y fondèrent aucun établissement. L'île était alors entièrement au pouvoir des Peaux-Rouges Caraïbes qui, sur leurs embarcations primitives, y étaient arrivés à une époque inconnue, après avoir traversé la mer. On croit généralement que ces naturels se rattachaient aux Galibis de l'Amérique du Sud, et qu'au commencement du seizième siècle, leur degré de civilisation n'était guère comparable qu'à celui de l'âge de la pierre taillée; cependant leurs mœurs étaient assez douces, car ils accueillirent hospitalièrement quelques Français qui vinrent chercher un refuge dans l'île.

Partis de Dieppe sous la conduite de deux agents de la Compagnie des îles d'Amérique, créée par Richelieu en 1626, ces colons et leurs chefs, l'Olive et du Plessis, ne firent que toucher terre à la Martinique pour en prendre nominalement possession et se transportèrent aussitôt à la Guadeloupe. Dix ans plus tard, un gentilhomme normand, également Dieppois, Pierre Belain, sieur d'Esnambuc, gouverneur de l'île de Saint-Christophe pour la Compagnie, débarquait, avec une centaine de compagnons, à 2 kilomètres de l'emplacement actuel de la ville de Saint-Pierre et y construisit un fort. Ce fut le premier noyau de la colonie, mais les Français ne purent se maintenir dans l'île que grâce à la supériorité de leurs armes. Dans leurs luttes incessantes avec les Caraïbes, ceux-ci, décimés, traqués, résistèrent durant vingt-cinq ans et, réduits enfin presque à néant, abandonnèrent leur territoire pour transporter les débris de leur population à Saint-Vincent et à la Dominique.

D'Esnambuc eut pour successeur, après sa mort, son neveu Du Parquet, qui devint, à la suite de la liquidation de la Compagnie, acquéreur et propriétaire, pour le prix de 60,000 livres, des îles de la Martinique, de Sainte-Lucie, de la Grenade et des Grenadines (1650). Il exerça, au nom du roi, le pouvoir administratif et s'occupa activement des moyens d'assurer la prospérité de l'île en y introduisant la culture de la canne à sucre, qui devint bientôt florissante. L'emploi des noirs comme esclaves sur les plantations contribua rapidement à enrichir les colons. Ce fut une raison pour décider Colbert à déposséder les héritiers de Du Parquet et ceux à qui ils avaient vendu leurs droits. Cette confiscation, sous les apparences légales d'un arrêt du conseil du roi, en date de mai 1664, eut lieu au profit de la grande Compagnie des Indes occidentales, dont on attendait merveille et qui ne dura que dix ans, malgré ses succès.

Dissoute par un édit de décembre 1674, elle fut obligée de laisser passer au domaine de la couronne la Martinique, qui fut administrée par des lieutenants généraux, représentants du roi. Une période de fortune s'ouvrit alors pour la colonie, qui résista aux contre-coups des guerres soutenues par la France contre l'Angleterre et la Hollande. A la fin du dix-septième siècle, un moine dominicain qui a laissé de grands souvenirs dans l'histoire des Antilles, le P. Lebat, donna une grande impulsion aux sucreries par des méthodes nouvelles de défécation.

Après le traité d'Utrecht (1711), la métropole, pour réparer nos pertes en Amérique, crut devoir s'intéresser avec plus d'esprit de suite à la situation coloniale de nos Antilles. On prit quelques mesures avantageuses dans ce sens, et le commerce de la Martinique, tout particulièrement, en bénéficia. Une autre source de gain, très importante, lui fut apportée par le capitaine Déclieux, qui y propagea la culture du café. Les plants martiniquais donnèrent des rendements vraiment prodigieux, si bien que les exportations s'élevèrent jusqu'à 16 millions de livres et que l'on vit, en une année, dans la baie foraine de Saint-Pierre, près de deux cents navires attendant, tour à tour, leurs chargements de sucre et de café, produits demandés alors avidement sur tous les marchés européens. Malheureusement, les intérêts du commerce et de l'agriculture furent sacrifiés par les colons aux opérations plus lucratives, pendant la guerre de la succession d'Autriche, des armements de corsaires. Cette spéculation n'eut qu'un temps très court de réussite et aboutit à la ruine. Les Anglais s'emparèrent de l'île, au cours de la guerre de Sept ans (1762), et la gardèrent jusqu'au traité de Paris (1763), qui nous enleva la Dominique. Cette paix permit à la Martinique de reprendre essor.

En 1790, tels étaient les progrès réalisés par la colonie que son mouvement commercial pouvait s'évaluer à 44 millions de francs (31,500,000 d'exportation et 12,500,000 d'importation) et sa population à 99,000 habitants, colons et esclaves. La Révolution vint modifier profondément cette situation. Le décret du 8 mars 1790, considérant les colonies comme parties intégrantes de la France et admettant au sein de l'Assemblée nationale des députés des Antilles; le décret du 28 mars 1792, confirmant ces dispositions en accordant à tous les hommes libres l'exercice des droits politiques; la suppression de la traite des noirs en 1793; l'abolition

CARTE DE LA MARTINIQUE.

de l'esclavage par le vote du 4 février 1794; l'assimilation des colonies aux départements du continent par la constitution de 1795, autant d'actes qui non seulement transformèrent les institutions coloniales, mais provoquèrent des agitations fatales, favorisant les projets des Anglais. Ceux-ci, sous prétexte de répondre aux appels des royalistes, s'emparèrent, le 21 mars 1794, de la Martinique.

L'Angleterre resta maîtresse de la colonie pendant huit ans. Elle y rétablit l'organisation antérieure à 1789, avec l'esclavage. Durant toute cette période les communications de l'île avec la France furent complètement interrompues. La paix d'Amiens, en 1802, nous rendit la Martinique, mais la guerre de 1809 nous en déposséda de nouveau jusqu'au traité du 30 mai 1814, ou plutôt jusqu'après les Cent-jours, car elle ne rentra définitivement dans le domaine de la France que par le traité du 20 novembre 1815. Sous la Restauration, la Martinique reconquit une certaine tranquillité, mais plus superficielle que réelle, comme en témoigne la révolte des noirs au Carbet.

Les lois et règlements particuliers aux colonies ne pouvaient apaiser les esprits, et les conseillers de Louis XVIII et de Charles X ne firent, par cette législation d'exception, que rendre plus actifs les ferments de discorde. Le gouvernement de Juillet n'y remédia point efficacement, quoiqu'il affranchit les esclaves par fournées (2,370 après l'émeute de Saint-Pierre en 1831, et 23,268 en 1833) par la charte coloniale, qui restitua les droits politiques aux hommes libres.

Il y eut, en 1848, une espérance unanime de voir renaître la splendeur coloniale des Antilles, quand le décret du 4 mars, reprenant les principes de la Révolution, abolit, grâce à Schœlcher et à d'autres philanthropes, définitivement l'esclavage et, en rétablissant la représentation des colonies dans les Assemblées françaises, revint à l'idée de les assimiler à la métropole; mais le second empire ne sanctionna pas complètement cette sagesse. Il n'abrogea pas la liberté des noirs, seulement il plaça les colonies en dehors de la constitution et les soumit au régime des sénatus-consultes. Un des premiers actes de la révolution du 4 septembre 1870 fut de déchirer cette loi, de déclarer que la patrie française était rouverte aux Antilles avec tous les droits et toutes les prérogatives électorales et législatives des Français.

L'affranchissement des nègres à la Martinique a eu les mêmes conséquences qu'à la Guyane. Une fois libres, ils ont, en grande partie, abandonné les plantations où ils auraient pu continuer à trouver du travail. Les planteurs ont, dès lors, été forcés d'appeler des ouvriers étrangers, coulis hindous et chinois ou noirs de la côte d'Afrique, mais ce système de recrutement, modifié d'ailleurs depuis 1860, n'a pas produit des effets heureux. Quoi qu'il en soit, et pour des raisons diverses, la Martinique traverse depuis la troisième république une crise économique dont les plus sagaces ne prévoient pas la fin avant longtemps (1).

(1) Voir, sur la Martinique, le remarquable travail de M. Isaac, député de la Guadeloupe, dans l'*Atlas colonial*, ainsi que l'ouvrage de M. Victor Meignen, *Aux Antilles*. (Plon, Nourrit et Cie.)

Charles Simond.

SAINT-PIERRE. — VUE DE LA RADE FORAINE.
(Photographie communiquée par MM. Alcide Picard et Kaan.)

LA MARTINIQUE (1)

I

LA TRAVERSÉE.

Après avoir quitté Saint-Nazaire, nous nous trouvons en vue des Açores, au bout de quatre jours de marche. Tous les passagers se précipitent aux bastingages pour reposer enfin leurs yeux sur un point ferme. Dès ce moment la gaieté renaît. Les voyageurs ont eu le temps de se connaître et de se rapprocher. La joie emporte les dernières atteintes du mal de mer, pendant qu'on contemple l'île *Graciosa*, la plus septentrionale des Açores en vue, qui semble passer lentement devant nous.

Du bord, on aperçoit des vignobles, des champs de blé, des plantations de citronniers, et, traversant ces massifs de verdure, des routes qui enveloppent l'île d'un ruban blanchissant. Çà et là s'élèvent, au milieu des champs, des maisonnettes isolées, ou bien des groupes d'habitations formant de minuscules villages le long des chemins.

(1) Les pages qui suivent sont empruntées, avec l'autorisation de l'auteur et des éditeurs, à l'ouvrage intitulé *la Martinique*, par Louis Garaud (éditeurs Alcide Picard et Kaan, Paris). M. Garaud, ancien vice-recteur de la Martinique, est actuellement proviseur du lycée de Bayonne. Nous devons également à l'auteur et aux éditeurs la gracieuse communication des photographies qui accompagnent le texte.

J'ai cru entrevoir, dans un large évasement béant séparant deux falaises, une apparence de ville sur le rivage ; mais l'éloignement m'a empêché de rien distinguer nettement. Tout cela s'étage au-dessus d'une côte escarpée, au pied de laquelle la mer écume avec colère.

Autour de l'île et dans ses eaux on voit des barques de pêcheurs, les ailes étendues comme des mouettes, sillonnant la mer de tous côtés. Tant que Graciosa a été visible, je ne l'ai pas quittée des yeux. Puis ce délicieux spectacle s'est enfoncé sous l'horizon, et l'isolement s'est tristement refermé sur nous.

C'est un véritable malheur pour les passagers quand on longe les Açores de nuit et qu'on perd ainsi le bénéfice de cette reposante étape.

On ne fait escale pour la première fois qu'à la Guadeloupe. Aussi, au milieu de cet immuable monotonie de l'Océan désert, les faits les plus menus sont considérés à bord comme des événements. Si une voile pointe à l'horizon, à demi noyée dans les brouillards, elle est aussitôt signalée, et chacun se précipite pour la saluer de loin.

Nos principales distractions consistent à mettre régulièrement notre montre à l'heure tous les jours, quand le capitaine a fait le point, à noter combien de milles on a franchi en vingt-quatre heures et à retrancher des 1,800 lieues à parcourir le chemin parcouru la veille. La préoccupation de la vitesse de notre marche absorbe notre esprit. Au reste, toutes les deux heures, les matelots lancent le loch à la mer. On laisse la bobine se dérouler et le loch traîner jusqu'au signal que donne brusquement un matelot aussitôt que son sablier est épuisé. Nous filons treize nœuds, en vitesse moyenne, c'est-à-dire 390 mètres par minute ; ce qui donne, en chiffres ronds, trois cents milles par jour, ou cent quarante lieues environ.

Au delà des Açores nous entrons dans la *mer des Sargasses*. C'est une immensité sur laquelle plane le calme. Au-dessus des flots surnagent des varechs jaunâtres. On les appelle, je ne sais pourquoi, des *raisins de mer*. Nous suivons des yeux les évolutions de ces sortes d'algues, paquets de mousse velue qui se balancent sur le dos des vagues luisantes. Cette vue suffit pour nous distraire de longues heures.

Après être descendus au-dessous de la ligne du tropique, nous jouissons d'un spectacle inattendu et fort amusant. Le bruit de l'hélice de notre bateau épouvante des légions de poissons volants qui s'élancent hors de l'eau et s'enfuient à tire d'ailes. Ils rasent la surface des flots, s'élèvent de quatre ou cinq mètres au plus, parcourent une distance de cinquante brasses environ, replongent et disparaissent. C'est vraiment bizarre de voir s'envoler tout à coup, comme une compagnie d'oiseaux effarouchés, des nuées de ces poissons dont les nageoires d'argent étincellent au soleil avec un bruit d'ailes étoupées. Parfois, à la grande joie des passagers, un de ces étranges oiseaux, fourvoyé et éperdu, vient tomber sur le pont.

Chacun veut le voir et le toucher. La malheureuse victime, nue et palpitante, passe de main en main, jusqu'à ce qu'une âme généreuse la rejette à la mer.

Vers la fin du onzième jour, chaque passager tient ses regards attachés sur l'horizon pour tâcher de découvrir la silhouette de *la Désirade*. Quand on la signale se profilant dans les brouillards, c'est un débordement de joie.

Bientôt elle offre à la vue une chaîne continue de falaises à pic, fort élevées, derrière lesquelles s'abrite la léproserie. Elle est peu habitée, car elle compte à peine 2,000 âmes. Notre bateau glisse entre elle et les *Petites-Terres* et met le cap sur *la Guadeloupe,* dont la masse nous apparaît enfin, fondue dans la brume du soir.

Le lendemain, au lever du soleil, nous entrons dans la rade de *la Pointe-à-Pître*. C'est un éblouissement. La mer est tout argentée. Elle resplendit dans une immobilité de miroir, tachée çà et là par de petits canots venant à nous, conduits à la rame par des nègres nus sous le soleil.

L'entrée de la passe est difficile, car une multitude d'îlots verdoyants pareils à des bouquets de feuillage émergent de l'eau autour de nous. Une végétation prodigieuse enserre la ville qui s'étend sur le rivage. C'est le plus frais et le plus riant tableau de toutes les Antilles. C'est le triomphe de la verdure, du soleil d'or et de la mer rayonnante.

Aussi ce n'est pas sans un sentiment de regret que l'on s'éloigne de *la Pointe-à-Pître,* après quatre ou cinq heures d'arrêt.

De *la Pointe* à *Basse-Terre,* où le bateau stationne quelques instants, la distance est courte; le voyage ne dure pas deux heures. Ensuite on côtoie *Marie-Galante, les Saintes, la Dominique,* dont le canal est toujours houleux, et, après sept heures de marche, nous stoppons en face de *Saint-Pierre* (Martinique). Le temps de déposer les dépêches et de débarquer voyageurs et marchandises, et nous voilà voguant vers *Fort-de-France,* où nous arrivons en moins d'une heure.

La baie de Fort-de-France est fort belle. Les forts qui en défendent l'entrée lui donnent un aspect imposant qui contraste avec celui de la rade féerique de la Guadeloupe, dont les bords, frémissants sous la brise, l'enveloppent d'une ceinture de bosquets rapprochés. A la Martinique, le cercle est plus vaste, la mer moins riante, la côte moins coquette. Mais il règne une telle splendeur dans l'enfoncement lumineux de la baie, dans les hauteurs boisées, dans les flots verts qui bordent la côte, sous un ciel qui rayonne et par un soleil qui éblouit, que l'on se sent payé largement des inconvénients d'une longue traversée.

En débarquant à quai, dans l'intérieur du dock de la Compagnie on pénètre de plain-pied sous un bosquet de *filaos* dont le sol est jonché d'aiguilles sèches. En mettant pour la première fois les

MULATRESSE (ANCIEN COSTUME DU PAYS).

(Photographie communiquée par MM. Alcide Picard et Kaan.)

pieds sur cette terre, pourtant si hospitalière, j'ai éprouvé une invincible et pénible impression : il me semblait que j'allais marcher sur quelque vipère.

LA FONTAINE DIDIER.

(Photographie communiquée par MM. Alcide Picard et Kaan.)

II

DE SAINT-PIERRE A FORT-DE-FRANCE. — LA CÔTE.

Ce matin, à six heures précises, avant le lever du soleil, le bateau qui fait le service de Saint-Pierre à Fort-de-France a sifflé, lâché ses amarres et quitté l'*appontement* en glissant sur une mer de bistre où le vent du matin faisait passer déjà des frémissements de fraîcheur et des mouvements de réveil.

La ville de Saint-Pierre, tournée vers l'occident, s'étend le long du rivage, à plat, et n'offre aux yeux qu'une ligne de maisons ternes, basses, sans caractère, s'enfonçant peu à peu, à mesure que le bateau s'éloigne, dans la brume bleue du matin.

Derrière la ville se dresse à pic un mur de verdure, comme un vaste écran, qui la protège mais l'empêche de s'étendre en largeur. C'est un mont rocheux, haut de deux cents mètres environ, qui se prolonge en deçà de la ville, sur la côte, vers le Carbet. Les arbres y poussent dans chaque crevasse; sur chaque saillie les plantes se dressent, grimpent et s'accrochent aux anfractuosités; les lianes s'y croisent en tous sens, relient les arbres du bas à ceux du haut et semblent leur donner la main; puis, arrivées au sommet de l'immense mur vertical, ne trouvant plus de point d'appui, elles retombent dans le vide en franges verdoyantes comme des branches chevelues de saules pleureurs.

Notre bateau, sorti de la rade, suit la côte en se dirigeant vers le sud. Saint-Pierre a disparu derrière nous. Le mur verdoyant qui domine la ville s'est arrêté brusquement. Alors la côte semble s'ouvrir, s'illuminer et découvre un lointain et des profondeurs à demi entrevus dans le brouillard matinal.

Le premier bourg que l'on rencontre au sud, en quittant Saint-Pierre, c'est le Carbet. Un sentier unit les deux villes, serpentant le long de la côte, à travers la verdure, se perdant sous les roches puis reparaissant sur la plage. Il est fort animé dès le matin, cet étroit sentier, suivi par les négresses du Carbet qui se hâtent à grands pas vers Saint-Pierre pour vendre de bonne heure le lait de coco dont les créoles sont extrêmement friands. Du bateau on les voit courir, pieds nus, leur robe relevée jusqu'à mi-jambe, portant sur leur tête des baquets en bois, appelés ici des *traits*, et remplis de noix de coco encore enveloppées de leur coque verte.

Ce sentier s'étend comme un ruban capricieux entre la mer et un chapelet de collines courtes et basses, détachées les unes des autres et formant la côte. Ces collines, égrenées ainsi, sont toutes vertes. Quelques-unes sont coupées du côté qui regarde la mer et étalent une roche bleutée et luisante qui se crève çà et là pour donner passage, à travers ses fentes, à des poussées de verdure et à des jets d'arbustes vivaces. Au bas de leurs parois verticales s'élancent hors du sol des arbres levant la tête et les bras, comme pour atteindre les lianes et les branches qui pendent du sommet de ces roches fertiles, couronnées, sur leurs croupes, de manguiers et de bananiers aux larges feuilles.

Dans l'intervalle des collines, l'intérieur de l'île nous apparaît par échappées. On aperçoit au loin des champs de cannes à sucre, des bouquets d'arbres touffus, et plus loin des sommets encapuchonnés de vapeurs immobiles et formant au-dessus des pitons du Carbet de grands panaches lourds.

Voici le *Carbet!* L'approche du village est annoncée par une longue haie de cocotiers, alignés en bosquets, ombrageant le rivage sur un parcours de deux kilomètres et offrant le plus charmant aspect. Le centre du bourg est composé d'un groupe de maisons rangées paresseusement autour d'une place. Là se trouvent l'école, la gendarmerie, la mairie et l'église, dont on distingue de loin le clocher, aigu comme une aiguille et perçant un massif de verdure. Le reste du village, assez populeux et fort étendu, se trouve caché et comme enfoui derrière les cocotiers et sous leur ombre.

C'est un des plus beaux sites que j'aie jamais vus. Je crois qu'on n'en trouverait pas au monde de plus pittoresque, de plus original et de plus attachant. Comme je me suis senti loin de mon pays en le contemplant! Ce sont bien là les Antilles, ces îles convoitées où mon imagination d'enfant me transportait, à la suite de Christophe Colomb, pendant mes années du collège! Quel spectacle enchanteur! Sous les cocotiers toujours chargés de fruits, je distingue çà et là quelques cases dans l'ombre; le long du rivage, de grands filets étendus sèchent sur des piquets; des enfants tout nus, crépus et noirs, nous regardent passer et jouent avec les vagues; des barques à sec sont allongées sur le sable; des pêcheurs, hommes et femmes, poussent un canot à la mer. Je me demandais, sous le charme, si ce n'était pas là l'île de Robinson et les sauvages auxquels Vendredi avait si miraculeusement échappé. Or, c'est la plus douce, la plus frugale et la plus inoffensive population de l'île.

Notre bateau vient de doubler le *Morne aux bœufs*. Le Carbet se cache à nous et le mirage s'évanouit.

Nous glissons vers le *fond Capot*, en rasant la côte, tantôt glissant dans l'ombre projetée par les collines, dont les ondulations se succèdent, tantôt, quand une trouée se produit, inondés de lumière dans le rayonnement du soleil levant. Nous côtoyons la roche, renflée et ventrue par endroits, suspendue sur la mer comme si elle eût manqué de base et ouvrant en dessous des cavités sombres où les vagues s'engouffrent avec des murmures.

En un point, vers le *fond Giraumont*, ces falaises s'enfoncent en demi-cercle et forment des anses silencieuses, à l'abri, où la mer laisse une langue de sable à nu sur le rivage, au pied des roches. Les pêcheurs, dès l'aube, viennent y amarrer leurs canots et y jeter leurs filets. Oh! le joli spectacle, mais trop rapide, qui se développe sous nos yeux!

De *Belle-Fontaine* à *Case-Pilote*, la côte s'éloigne et la baie s'enfonce. Notre bateau filant au large nous donne maintenant un recul suffisant pour embrasser un plus vaste horizon. Ce sont des chaînes de collines qui descendent, en s'échelonnant, du massif central de l'île et viennent mourir au milieu des arbres jusque sur le rivage. Au pied de ces collines, entre elles et la mer, s'étend parfois une petite plaine circulaire. On dirait l'immense arène d'un cirque verdoyant dont la déclivité des collines forme l'amphithéâtre.

Là, tout est vert; mais quelle variété de teintes et quelle diversité de tons! Quelle gamme de nuances, depuis le vert minéral aux reflets bleus jusqu'au vert tendre de Véronèse! Au fond des ravins, dans l'ombre, sur la croupe claire des collines, sur les flancs ardents des pitons, ce sont des valeurs différentes dans l'intensité de la verdure. Le soleil levant, paraissant derrière les sommets, jette sur cette nature si riche l'éclat atténué de ses rayons obliques, glisse doucement sur les champs de cannes, fait resplendir la rosée sur les fougères et les hautes herbes et tire des étincelles du clocher de *Case-Navire* qui se dresse dans le lointain.

Bientôt la mer nous aveugle de ses ardents reflets. Le soleil nous enveloppe et flambe. Les plantes supportent ces rayons de feu sans en souffrir. Les créoles peuvent les braver sans grand danger; mais les Européens ont toujours à redouter des insolations foudroyantes.

Nous avons déjà doublé la *Pointe des Nègres*, et nous entrons dans la rade de Fort-de-France, laissant à notre gauche, nous dominant, la gracieuse habitation de Bellevue, et à notre droite le fort Saint-Louis, dont la masse silencieuse et endormie s'avance dans la mer.

III

LA MONTAGNE-PELÉE.

La Montagne-Pelée est un volcan éteint. Son cratère, dont les bords brisés sont formés de gigantesques dentelures aiguës, s'est obstrué, et l'orifice, qui devrait être béant, est remplacé par un lac tranquille. Ce lac est alimenté par les brouillards aqueux et lourds qui enveloppent presque toujours la cime de cette montagne. J'avais, depuis longtemps, l'ardente envie de gravir le mont, d'en atteindre le sommet et de me rendre compte des merveilles dont on me parlait sans cesse.

VUE DU MORNE-ROUGE ET DE LA MONTAGNE-PELÉE.

(Photographie communiquée par MM. Alcide Picard et Kaan.)

Nous sommes partis du Morne-Rouge hier matin, à cinq heures, au petit jour. Deux nègres, armés de coutelas et portant nos vivres, ouvraient la marche. Les guides nous étaient nécessaires pour nous frayer un chemin à travers les bois, où les branches et les lianes obstruent en quelques jours les sentiers et les rendent impraticables, pour nous aider à franchir les crevasses et à nous glisser dans le lit des torrents, enfin pour nous tendre la main lorsque les roches verticales et glissantes n'offraient aucune saillie.

A un kilomètre du Morne-Rouge, nous avons quitté la route et nous avons pris par les savanes, le long d'un bois bordé par un talus sur lequel poussaient à merveille les bégonias roses. L'herbe est toute bleue de la rosée du matin. Dans les savanes, cette herbe fort haute nous vient jusqu'aux genoux. Nous en sortons tout ruisselants. Le bois que nous longeons, en contournant le morne de la Calebasse, est planté de pommiers roses et de goyaviers. Les goyaviers, qui sont chargés à la fois de fleurs et de fruits, sont enlacés par des lianes qui unissent leurs fleurs à celles de l'arbre qui les soutient et les nourrit. Rien n'est gracieux comme cet harmonieux mélange de fleurs hétérogènes, différentes de couleur et de forme.

Tout à coup, sur notre gauche, le bois s'ouvre en une large trouée et développe à nos yeux un horizon lointain, du côté de Saint-Pierre, avec des collines irradiées par le soleil levant et, au delà, la mer des Antilles, bleue, sans brouillards, à peine moirée par la brise.

Après avoir laissé derrière nous le morne de la Calebasse, nous entrons sous bois. Alors commence l'ascension du premier mamelon qui sert de contrefort à la masse centrale de la Montagne-Pelée. La pente est douce. C'est moins un chemin que nous suivons qu'une allée accidentée, d'aspect sauvage, une espèce de couloir dont la voûte fraîche et verte est ornementée de bizarres festons. Les hautes branches qui passent horizontalement sur notre tête et qui soutiennent, comme une charpente irrégulière, cette toiture de feuillage, sont parées de lambeaux de dentelle de mousse tombant en forme de franges découpées et effilochées. Elles sont si gonflées d'humidité qu'elles distillent continuellement des gouttes de pluie.

Sur les arbres de ce bois, aux embranchements, sont assis des choux parasites, larges et ventrus, vivant sur le tronc de sa sève sans que l'arbre paraisse incommodé de la succion de cette végétation étrangère.

En sortant de ce bois sombre, nous entrons en vive lumière, au milieu d'une large étendue de terrain où poussent à foison des framboisiers sauvages, rouges de fruits. Les framboises portent leur duvet et sont encore parées de perles de rosée. Courant de bouquet en bouquet, à travers les ronces, nous cueillons avidement, à nous en rassasier, ces fruits au parfum un peu sauvage et à la fraîcheur exquise.

Puis nous reprenons notre marche et nous rentrons sous bois.

L'ascension devient plus difficile et plus pénible, par un sentier raide, à peine frayé, que nous gravissons en nous aidant des mains et des genoux, en nous accrochant aux branches, aux lianes, aux fougères, aux saillies des roches, en appelant à notre secours les nègres qui nous servent de guides et dont l'agilité à travers ces difficultés est extraordinaire.

Nous nous arrêtons, pour respirer un instant, au milieu d'une véritable forêt de balisiers aux feuilles immenses et tout en fleurs. C'est un vrai paradis que cette forêt qui enveloppe une partie de la montagne. Les fleurs du balisier, d'un rouge violent, sont énormes. Elles se composent d'un pétiole ondulé jetant à droite et à gauche des calices alternés, aplatis et s'évasant comme des navettes placées les unes dans les autres. Ce fouillis de feuilles d'un vert frais, aux reflets gris, au milieu desquelles éclate le vernis sanglant des fleurs, s'étend à perte de vue et offre un spectacle fort rare, même aux Antilles.

Nous voilà parvenus à la cime du contrefort. Au-dessus de nous se dresse la montagne elle-même. Après une courte halte nous nous remettons en marche. Des difficultés s'accumulent; le sentier disparaît sous les broussailles; les lianes nous barrent le chemin à chaque instant; des crevasses béantes menacent nos pas.

A coups de coutelas les nègres nous livrent un passage; ils abattent sans pitié d'immenses choux-palmistes dont nous fendons le tronc pour en manger le cœur, composé de rubans d'un blanc laiteux et d'un goût fort délicat. C'est un aliment recherché à la Martinique.

Nous atteignons enfin, au bout de quatre heures de marche, la cime de la Montagne Pelée, et nous émergeons au milieu d'arbres bas et rabougris que nous dépassons de la tête. Le ciel est nu; l'espace est sans bornes; c'est un des plus majestueux panoramas qu'il soit permis de contempler. Nous sommes tournés vers le sud. Nos yeux embrassent à la fois l'Océan et la mer des Antilles, qui baignent les deux flancs de l'île, à l'est et à l'ouest. La ville de Saint-Pierre est à nos pieds; derrière elle s'étalent des champs de cannes à sucre.

Dans cette nature si tourmentée, plaines, mornes, ravins, pitons, se fondent en un harmonieux ensemble. Là-bas, à notre gauche. la baie de la Trinité resplendit avec une mer un peu houleuse, et plus loin s'étend paresseusement dans la mer la presqu'île de la Caravelle, ourlée d'écume et étincelante sous les rayons du soleil.

Ce n'est pas sans peine que nous nous arrachons à cette contemplation. Nous avons encore un kilomètre à parcourir avant d'arriver au centre même de la croupe de la montagne où se trouve l'ancien cratère. Nous rentrons sous l'ombre et nous nous perdons dans les brouillards. La terre du sentier est détrempée et trouée de flaques d'eau où nos pieds s'enfoncent. Les brouillards, presque continuels

TYPE ET COSTUME DE LA MULATRESSE DE LA MARTINIQUE.

(Photographie communiquée par MM. Alcide Picard et Kaan.)

en cet endroit, s'accrochent à la cime des arbres, les inondent de leur humidité et font dégoutter une pluie ininterrompue. Nous sommes dans une forêt de goyaviers dont la verdure sombre est relevée par la teinte rose des bégonias qui poussent jusqu'au

FORT-DE-FRANCE, — AVENUE LONGEANT LA GRANDE SAVANE.

(Photographie communiquée par MM. Alcide Picard et Kaan.)

sommet de la Montagne-Pelée. On n'y entend que le bruit des gouttes de pluie sur les feuilles humides et les trois notes pures, détachées, que pousse, à intervalles réguliers, le siffleur des bois, le seul hôte de ces sommets déserts.

Enfin, nous sortons brusquement de l'humidité et de l'ombre et nous poussons un cri de surprise. Nous nous trouvons au bord d'un joli lac, immobile comme un miroir circulaire et mesurant environ deux cents mètres de diamètre. Il est bordé d'un fin gazon et de mousse de velours, entouré et dominé par des pics brisés, formant comme les bords ébréchés d'un vase gigantesque.

Le point le plus élevé est appelé le *tertre de la croix*. Il regarde le sud; une croix est plantée à son sommet. C'est un but de pèlerinage.

Un coup de vent chasse un instant les brouillards, et le soleil, glissant le long des parois évasées des tertres circulaires, vient éclairer la surface tranquille du lac. Mais sous cette caresse rien ne s'éveille. Tout reste immobile et muet. Les eaux du lac étaient si fraîches et si claires qu'elles m'ont invité à m'y baigner. Le lac est peu profond. Son lit est formé de sédiments de feuilles sèches, de branchages poussés par les vents ou charriés par les orages, de pierres et de terre roulant du haut des tertres. C'est ainsi que peu à peu le cratère s'est fermé et que les eaux, qui d'abord se perdaient dans les flancs de la montagne, se sont arrêtées et ont formé un lac.

Nous avons déjeuné là, au bord de l'eau, assis sur des troncs d'arbres, regrettant de ne pouvoir nous étendre, à cause de l'humidité, sur le gazon et sur la mousse. Vers une heure du soir, nous avons songé au retour.

La descente s'est effectuée sous une pluie battante. Elle a été pénible, longue et dangereuse. Nous sommes enfin arrivés au Morne-Rouge avec nos souliers boueux, crottés jusqu'au cou, trempés jusqu'aux os, harassés de fatigue, mais la tête rayonnante et toute remplie des merveilles dont nous avions pleinement joui.

IV

DE FORT-DE-FRANCE AU GROS-MORNE. — L'INTÉRIEUR DES TERRES.

De Fort-de-France au Gros-Morne, il y a une distance de vingt-quatre kilomètres, de l'ouest à l'est, vers l'intérieur de l'île, par un chemin accidenté de surprises de terrain. Ce village est bâti sur la croupe large d'une colline élevée, presque une montagne, aux flancs verts, appelée ici *morne*. Ces mornes sont nombreux dans cette île toute bossuée de monticules et de pitons.

A la Martinique, en effet, il n'y a pas de plaines, si j'excepte quelques bas-fonds marécageux vers le sud. Quand on regarde, du haut d'une cime cette multitude de mamelons se coudoyant de tous côtés, on se croirait en présence d'une gigantesque ébullition de matières dont les bouillons se seraient brusquement refroidis, solidifiés, et plus tard recouverts d'humus et revêtus de végétation.

Et de vrai, c'est sous une action volcanique que ces territoires des Antilles ont émergé, dit-on, comme éructés par des foyers sous-marins. N'est-ce pas le seul moyen d'expliquer l'aspect de ces reliefs tourmentés, l'ossature bizarre de l'île entière qu'on a pu comparer à une feuille de papier froissée dans la main?

Nous sommes partis de Fort-de-France pour le Gros-Morne, à cinq heures du soir, sur une voiture américaine, peu élégante mais solide, traînée par deux petits chevaux ardents et conduite par un nègre de vingt ans, bien découplé et bavard comme un sansonnet.

Au sortir de la ville, la route montante et sinueuse contourne les flancs du fort Desaix, qui borne la vue au nord, pendant que sur notre droite un large horizon s'étend à nos pieds, à travers des savanes profondes où des troupeaux de vaches, enfoncées dans l'herbe de para jusqu'au ventre, paissent en liberté. Çà et là on entrevoit les toits rouges de quelques habitations, au milieu des courbarils, des cassiers et des flamboyants, tandis que sur le rivage, au loin, bordant la pointe des Sabians, se détachent clairement des rangées de palmistes au tronc élancé, droit et lisse, dont la cime est formée d'une graine verte et renflée, d'où s'échappe une gerbe de feuilles gigantesques aux folioles aiguës comme des dards.

Et au delà s'étend la baie de Fort-de-France, dont les eaux tranquilles ne sont, à cette heure du soir, sillonnées d'aucune ride, ni tachées d'aucune embarcation. C'est un golfe argenté, aux rivages verdoyants, que notre regard enveloppe depuis l'embouchure du Longvilliers qui vient du Lamentin, jusqu'au gros îlet de la Vache, qui nous cache le village des Trois-Ilets. L'horizon, au sud, est fermé par une ligne de montagnes boisées dont la chaîne s'étend de la pointe d'Arlet jusqu'à la Rivière-Salée, et qui, toute bleutée par les vapeurs du soir, se confond presque avec les nuages flottants d'un ciel laiteux.

La route est belle jusqu'à Saint-Joseph. De ce village au Gros-Morne elle est fort tourmentée, ravinée souvent par des pluies diluviales, sillonnée d'ornières, crevée de flaques d'eau, obstruée même par des éboulements de terre ou par la chute d'arbres que le vent jette au travers de la route. Mais aussi quelle diversité dans les aspects de ces paysages successifs, selon que nous gravissons les hauteurs ou que nous dévalons dans les bas-fonds! Ici où entend les roulements des torrents dont les eaux coupantes se sont ouvert des tranchées dans les roches vives; puis soudain ce sont des eaux dormantes se perdant silencieusement sous l'ombre des marécages. Plus loin, sur le bord d'un ruisseau clair, s'élèvent des bouquets de bambous qui penchent paresseusement leurs tiges immenses au-dessus de nos têtes.

Notre conducteur nous donne, en langue créole, le nom des fruits suspendus aux branches. Il est intarissable. Comme nous admirions des cocotiers : « *Ou lé?* » (1) demande-t-il; et sans nous

NÉGRESSE DE LA MARTINIQUE.

laisser le temps de répondre, il saute à bas de son siège, cale sa voiture et le voilà grimpant sur un cocotier avec l'agilité d'un singe; il détache deux gros fruits de leur régime, les laisse tomber à terre, descend en un clin d'œil, les ramasse, enlève avec son couteau l'écorce qui entoure le pétiole, perce un trou au point, et nous offre une excellente boisson rafraîchissante.

La route que nous suivons s'encaisse parfois si profondément qu'on est saisi par une fraîcheur, comme en entrant dans un couloir humide. Elle s'enfonce de quatre ou cinq mètres au-dessous du niveau du terrain environnant, et les champs qui la longent forment à droite et à gauche des parois verticales. La terre de ces

(1) En voulez-vous?

parois, légèrement talutée, est retenue par des racines qui se

BOSQUETS DE BAMBOUS.

(Photographie communiquée par MM. Alcide Picard et Kaan.)

nouent et s'entrelacent dans tous les sens, comme de solides mains, pour empêcher les éboulements.

Ces racines appartiennent aux arbres qui dominent la route au haut du talus. Sorties de terre le long des parois et trouvant le vide, elles se sont coudées et repliées sur elles-mêmes ; puis, ressaisissant la terre végétale, elles l'ont enlacée dans un emmêlement noueux et dans une étreinte nerveuse de bras robustes. Dans ce pays, où les architectes sont rares, la nature construit elle-même ses murs de revêtement.

Dans les hauteurs, tout change d'aspect. Nous venons d'atteindre, après une dure montée, un point culminant d'où nous planons sur de basses collines qui vont se rejoindre au fond d'étroites vallées et dont les flancs sont plantés de cannes à sucre. Les cannes sont en fleur, ou plutôt, selon l'expression locale, en flèche. Cette fleur a la forme d'un panache dont la chevelure légère, d'un rose effacé, se détache délicatement sur le fond vert du champ. La brise du soir, par bouffées, fait flotter doucement ces houppes soyeuses et soulève des ondulations de vagues transparentes et rosées sur lesquelles le soleil pique des points d'or et allume des feux étincelants.

La tige de la canne, dépouillée des feuilles gourmandes, est nue et lisse au sortir de terre ; elle ressemble à un gros roseau, sensiblement coudé à ses nœuds. Elle pousse dans un enchevêtrement inextricable ; puis, à un mètre environ au-dessus du sol, elle est parée de larges collerettes de feuilles longues, lancéolées, retombantes et formant dans leur ensemble un dais verdoyant. Au-dessus de ces feuilles, aux frémissements continuels, se dresse, quand la canne est en fleur comme aujourd'hui, une forêt de ces flèches chevelues qui palpitent et courbent la tête au moindre caprice du vent. En France, les grands champs de blé, lorsque le vent fait onduler les épis mûrs piqués de coquelicots, ne nous offrent pas un spectacle plus reposant.

Soudain nous sentons la brise fraîchir ; le soleil s'est couché ; la nuit est tombée brusquement, sans crépuscule, mais une nuit illuminée par la lune dont l'éclat est étrange. Une heure après nous touchons aux premières maisons du Gros-Morne. Le village, sous la lumière lunaire, est radieux comme en plein jour. A l'entrée, au milieu de la rue, deux gamins jouent encore aux noix d'acajou. Il est bien neuf heures du soir. Il y a une auberge au Gros-Morne. On y est hospitalier. Nous avons pu manger et même dormir. On ne trouve pas dans tous les bourgs de l'île une table et un lit.

V

SAINT-PIERRE ET FORT-DE-FRANCE.

La Martinique n'a que 80 kilomètres de long sur 37 de large. Elle est allongée, hérissée de pointes et creusée de baies. Elle oppose son dos aux poussées de l'Océan et tourne vers la mer des Antilles son ventre un peu rentré. De son dos sort une excroissance qui s'avance dans la mer sur une longueur de trois lieues : c'est la presqu'île de la Caravelle.

Sur le pourtour de l'île, qui a 350 kilomètres de circonférence, non compris les caps, sont bâties presque toutes les communes. Il y en a fort peu dans l'intérieur des terres. Les habitants, réfractaires en général au travail de la terre, aiment mieux se livrer à la pêche, qui ne s'impose pas à eux avec la régularité dure et étroite de la culture des champs et qui leur ménage des aléas, des accidents, des surprises, en rapport avec leur humeur inconstante.

Fort-de-France et Saint-Pierre sont les deux chefs-lieux des deux arrondissements de l'île, l'un au nord, l'autre au sud. Toutes deux s'étendent sur la côte occidentale. Fort-de-France ne compte que 16,000 habitants ; Saint-Pierre en a près du double. Celle-ci a une rade demi-circulaire, immense, mais exposée aux vents et au raz-de-marée, et partant fort dangereuse, surtout pendant l'hivernage. Celle-là offre aux vaisseaux le plus beau port de la mer des Antilles et le plus sûr. L'une est protégée par des forts importants et par une série de fortins et de batteries ; l'autre est ouverte, et les trois batteries qui font mine de la défendre ne la mettent pas à l'abri d'un coup de main.

Saint-Pierre est la vieille ville que fonda d'Esnambuc en 1635 et où s'établirent les Européens, en face de la race caraïbe, qui leur livra une guerre sans trêve ni merci. On construisit d'abord la partie la plus haute de la ville actuelle, auprès de la rivière Roxelane, autour des fortifications qu'on y avait élevées (1).

Plus tard, lorsque les Caraïbes disparurent et que la sécurité vint, on se hasarda à traverser la rivière et à descendre dans la partie basse, sur une plage accessible à la navigation et favorable au commerce. La ville, dans son développement, suivit ainsi la forme demi-circulaire du rivage. Toute la population commerçante s'établit au centre de la baie, appelée Mouillage, et dépeupla en partie la ville haute, nommé Fort. Le Fort est mieux exposé et plus aéré ; il étend sa vue sur la rade et s'étage sur un sol rocheux, au pied des Mornes qui remontent vers le nord, tandis que le Mouillage, étendu à plat ventre le long de la mer, est un quartier humide, étouffé, borné à l'est par un large écran de rochers qui arrêtent le souffle des vents alizés et où les rayons du soleil tombent d'aplomb, sans air et sans ombre.

(1) « Ce furent d'abord des cases bâties de planches, palissadées de roseaux, « couvertes de feuilles de canne ou de palmier, où les marchands vendaient « ce qu'ils apportaient et où les artisans faisaient leurs retraites pour la commodité du public. Ajoutez quelques gargotiers qui y tenaient des tavernes, « tout cela, même en 1666, ne faisait pas tant de cases et de maisons qu'il y en « avait à la foire Saint-Germain de Paris. » DUTERTRE, *Histoire générale des Antilles françaises*. Paris, 1667.

Saint-Pierre est tout en longueur, resserré entre le rivage, le Morne-d'Orange et le Morne-Godet. Il ne s'élargit que vers le nord, au-dessus de la Roxelane qu'il domine. Les rues sont tortueuses et accidentées au Fort; elles sont régulières, quoique étroites, au

CHARMEUR DE SERPENTS.

(Photographie communiquée par MM. Alcide Picard et Kaan.)

Mouillage. Autour de la mairie, dont la construction a un aspect monumental, les voies sont spacieuses et bien entretenues. La rue Victor Hugo, qui traverse ce quartier du sud au nord, est le centre où sont groupés tous les marchands et où se sont établis tous les magasins.

Là, ce qui frappe d'abord l'étranger, c'est la pauvreté des devan-

FORT-DE-FRANCE. — LA GRANDE SAVANE. — STATUE DE L'IMPÉRATRICE JOSÉPHINE.

(Photographie communiquée par MM. Alcide Picard et Kaan.)

tures, l'absence de tout étalage, l'aspect négligé des denrées. Les marchandises sont jetées ou entassées dans les rayons, au hasard, sans ordre, sans symétrie, sans goût. Les plafonds des boutiques sont bas; l'espace est insuffisant; le jour est douteux. Il faut voir surtout l'air las, ennuyé, renfrogné des marchands ou des commis! Aussitôt que la nuit est venue, tout est fermé; la rue, éclairée çà et là par quelques réverbères fumeux, tombe dans une obscurité presque complète. Seules, les pharmacies, assez semblables à nos petites épiceries de village, restent allumées et ouvertes jusqu'à dix heures du soir.

Malgré tous ces désagréments, Saint-Pierre n'en est pas moins une ville active, mouvementée, vivante, pendant le jour. Les trottoirs sont animés dès le matin; les quais sont bruyants à travers l'encombrement des boucauts de sucre et des barils de tafia; la rade, sous le soleil, est tout illuminée de voiles blanches. On y sent la vie qui circule, le commerce qui s'agite et marche, le peuple qui produit et travaille.

Fort-de-France offre un aspect tout différent. Fondée en 1673, elle fut détruite par un tremblement de terre, en janvier 1839. Alors, au milieu des décombres, on traça des rues avant d'avoir des maisons; et la ville se rebâtit peu à peu, avec des voies bien alignées, se coupant à angle droit et formant dans leur ensemble un vaste pentagone. Si Saint-Pierre est une ville où, sur le port, dans les chantiers, dans les usines, la vie est chaude, ardente et fiévreuse, Fort-de-France est une cité froide, raide, un peu guindée. C'est la capitale des fonctionnaires, des employés de bureau, des ronds de cuir. Tous les chefs d'administration et de service sont réunis là, autour du gouverneur. Malgré la présence des soldats de l'infanterie de marine, qui donnent à la ville une note gaie, il y règne un décorum officiel, une réserve de commande et même un air de défiance.

Au sud, entre la ville, le fort Saint-Louis et le Carénage, s'étend une immense prairie carrée, bordée par une allée de manguiers et au centre de laquelle s'élève une statue isolée. C'est le rendez-vous des fonctionnaires, à cinq heures du soir, quand les bureaux se ferment. On y va deux à deux, en famille, un peu en toilette, d'un air légèrement compassé. On y cause à voix basse; on y fait peu de bruit; on s'y observe, on craint de parler haut. On dit pourtant que c'est de là que partent tous les petits cancans, les commérages et les menus potins. On m'a même confié à l'oreille que c'est là, sur certains bancs, à l'écart, qu'on fait les réputations et qu'on défait les gouverneurs.

Il y a, à Saint-Pierre, quelques monuments qui offrent à la vue une certaine ampleur, comme le théâtre, la mairie, l'hôpital; à Fort-de-France, les maisons sont en bois, à un seul étage, et si légères qu'elles semblent craindre de s'appuyer sur le sol. Cette crainte n'est que trop justifié; on courrait, en effet, un danger réel à élever des édifices grands et lourds. Le terrain d'alluvions sur lequel la ville repose n'offre pas une grande consistance. La couche supérieure forme une écorce de deux ou trois mètres d'épaisseur, battue et tassée, composée de matières *tufacées* et pierreuses. Sous cette couche s'étendent des amas de sable mouvant où la mer pénètre, s'agite et bouillonne. A l'intérieur de ce corps sablonneux et dans le sous-sol, se trouvent des traînées de roches souterraines soulevées par des éruptions volcaniques. La chaîne rocheuse elle-même, sur la pointe de laquelle est assis le fort Saint-Louis, traverse ce sable, lui sert d'ossature, passe sous la rue Victor Hugo qu'elle soutient et se termine en musoir à la Pointe des Nègres.

Saint-Pierre et Fort-de-France sont différents à tous les points de vue. En outre, ces deux villes sont divisées, non par de hautes questions de politique générale, mais par des questions irritantes de personnes. Saint-Pierre et le nord de l'île appartiennent à un parti; l'autre est maître du sud et de Fort-de-France. Ces deux sœurs, que tant d'intérêts devraient lier, sont devenues deux ennemies peut-être irréconciliables.

VI

LE MORNE-ROUGE.

Le Morne-Rouge est le jardin de la Martinique; il est planté de rosiers toujours fleuris, de jasmins, de verveines, avec de vastes massifs de myosotis délicats et des bordures de bégonias aux feuilles vernies. On se croirait en France, en plein renouveau, mais au milieu d'une nature plus jeune, plus ardente et plus prodigue.

Bien qu'on y trouve un épicier, un boulanger, un maire à l'accent et à l'esprit gascons, et même des gendarmes à cheval, c'est moins un bourg qu'une réunion de chalets et de villas échelonnés le long de la route, précédés ou entourés de jardins clos par des haies vives, radieux, ensevelis dans la verdure et toujours palpitants de brise.

Derrière la ligne de villas qui bordent la route, à gauche, du côté de la mer des Antilles, le terrain semble tout à coup manquer sous les pas. La pente s'accuse brusquement, et c'est par un chemin en zigzag qu'on descend au pied du Morne, au fond du ravin où l'on entend un torrent gronder. C'est là que les gens du village vont faire leurs dévotions à une Vierge nichée dans une grotte. On s'y rend même de fort loin en pèlerinage.

A mesure que l'on s'enfonce dans le ravin, on ne saurait s'imaginer dans quelle puissante végétation on pénètre. On est dominé et enveloppé par ces masses touffues de verdure, par ces plantes gigantesques qui croissent sans culture, avec des poussées merveil-

LA CASCADE DU JARDIN PUBLIC DE SAINT-PIERRE.
(Photographie communiquée par MM. Alcide Picard et Kaan.)

leuses, se bousculant et s'enchevêtrant, avides d'arriver à l'air et à la lumière. On dirait une foule innombrable dont les têtes pressées veulent vous voir passer. Du milieu de cette verdure s'élancent des bouquets de bambous grêles, des fougères arborescentes, avec

ALLÉE DU JARDIN PUBLIC DE SAINT-PIERRE.

(Photographie communiquée par MM. Alcide Picard et Kaan.)

leurs larges parasols frangés. Les balisiers marient leurs immenses feuilles luisantes aux feuilles d'un vert mat des bananiers Et au ras de terre, le long des chemins, croissent des variétés infinies de fougères de toute couleur et de toute forme, depuis le vert le plus printanier jusqu'au rouge ardent des feuilles de vigne en automne, et depuis les dentelures les plus fines jusqu'aux rigidités de glaives aigus. Et au-dessus de ce tapis s'étalent les bégonias, dont les fleurs rosées et délicates retombent en grappes et donnent à cette verdure sombre une note claire de mois de mai.

Le penchant de ce morne est plus vivant et plus mouvementé que le côté opposé. En effet, à droite de la route, vers l'est, entre les haies des villas, s'ouvrent des sentiers creux, humides, bordés de pommiers-roses, descendant en pente douce et conduisant à des maisonnettes silencieuses, où les malades trouvent la paix et la santé. Tous ces sentiers aboutissent à la Capote, petite rivière tapageuse qui murmure à travers les roches encombrant les sinuosités de son lit. Les promeneurs qui dirigent leurs pas de ce côté sont baignés dans l'ombre des pommiers-roses, dont le fruit, joli d'aspect, est fade de parfum et de goût. Quant au feuillage, il offre un fouillis de toutes les nuances. Les jeunes pousses ont des tons de cuivre rouge, tandis que les vieilles prennent des teintes d'un bleu sombre.

VII

LE JARDIN DE SAINT-PIERRE ET LA SAVANE DE FORT-DE-FRANCE.

Hier je sortais du jardin public de Saint-Pierre, par un temps printanier, avec je ne sais quel apaisement heureux; aujourd'hui, par un ciel lourd, sur la savane de Fort-de-France qui sert de promenade publique, je me sens attristé comme elle.

Le jardin de Saint-Pierre est une des merveilles du monde, mais une merveille inconnue. On y jouit de tous les enchantements qu'offre une forêt vierge. La savane de Fort-de-France est revêtue d'une tristesse désolée. Sa nudité morne nous assombrit malgré nous.

La ville d'Esnambuc possède le plus prodigieux jardin qu'il soit donné de voir. C'est une forêt d'arbres gigantesques, de feuilles monstrueuses et de lianes démesurées. Je l'ai visitée hier, après une ondée, pendant qu'elle était à la fois ruisselante de pluie et rayonnante de soleil. Elle est resserrée entre la route qui mène au Morne-Rouge et les hauteurs escarpées du Parnasse. Au lieu des squares de nos villes de France à l'air propret, où les allées sont coquettement ratissées, les arbres alignés militairement, et les pelouses rasées de frais, on pénètre ici par des sentiers sombres dans des profondeurs mystérieuses, sous des arbres géants où sont suspendues d'étranges fleurs. On côtoie un torrent qui roule avec des bouillonnements ses eaux dans les roches moussues et d'où s'élèvent des bouquets de touffes chevelues et des massifs charnus de plantes aquatiques.

Les allées sont percées dans un inextricable fouillis d'herbes, de plantes, de ronces et d'arbres si rapprochés et si élevés qu'on n'en voit pas la cime. Les nœuds de leurs racines crèvent la surface du sol et traversent à nu les allées comme des crampons. Les palmistes à colonnes, les fromagers, les sabliers, les frangipaniers roses, les mombins, les flamboyants, tous ces rois de la végétation tropicale ont leurs épaules couvertes d'un manteau de fleurs et de feuilles de lianes qui retombent jusqu'au sol en franges frémissantes. Ces lianes envahissantes attachent leurs racines sur l'arbre même et lui disputent sa sève. Il y a des palmiers dont le tronc est vêtu jusqu'au sommet d'une mousse velue et humide dans laquelle vivent en parasites des touffes de joncs fins, des choux joufflus et des fougères aux larges parasols.

Toutes les allées aboutissent à une lumineuse éclaircie, au centre même du jardin, où s'étend un lac dormant avec un îlot éveillé par les oisillons. Sur cet îlot se développe grand ouvert l'éventail de l'arbre des voyageurs. Çà et là, à la surface de l'eau, des nénufars aux teintes violettes viennent ouvrir doucement les yeux. On fait le tour du lac en quelques minutes; mais quel silence y règne, et quel isolement on y trouve!

Le lac est alimenté par une cascade dont on entend le murmure lointain et dont on entrevoit par instants, à travers le feuillage, la nappe, blanche d'écume, qui tombe du haut de l'escarpement.

L'allée qui y conduit suit le torrent, qui est bordé par des arecquiers, des chênes d'Amérique, des figuiers maudits et des roseaux prodigieux de hauteur. L'allée et le torrent sont serrés entre deux murs de verdure qui s'unissent en demi-cercle, barrent le chemin et forment un cul-de-sac. Du haut de ce demi-cercle la cascade se précipite, d'une élévation de cinquante mètres environ, dans un bassin d'où, assourdissante, elle roule dans le lit du torrent.

Si on fait face à la cascade, dans l'enveloppement obscur du feuillage, et si on lève les yeux, on voit au-dessus de la nappe tombante, à travers l'emmêlement des branches, une échappée de ciel et des scintillements de soleil dans les profondeurs vierges de la forêt. Cette cascade semble sortir de cette trouée de lumière, sous des arbres curieux et penchés qui la regardent tomber et sous des bambous flexibles secoués de frissons par le courant.

Ce coin prodigieux qu'aucune main ne déflore, ces mystères troublants de fécondation effrontée, cette poussée de sève, cet enchevêtrement de branches, cet envahissement de lianes, cette fraîcheur, ce silence, ces profondeurs, ces rayons dans les hautes cimes, ces reflets, ces éclairements subits ont une saveur inconnue.

Aujourd'hui se venge d'hier. C'est un jour de tristesse. Tout me paraît noir. Je suis assis sur un banc, tournant le dos à la baie des Flamands, le regard arrêté sur la verdure de la savane de Fort-de-France C'est une vaste prairie, banale, de forme carrée, écornée au sud par les talus du fort Saint-Louis, rafraîchie par la brise de la rade qui la baigne à l'ouest et bordée sur ses quatre côtés d'une allée continue qu'ombragent des tamariniers, des manguiers et des sabliers géants. C'est là que viennent déboucher les principales rues de la ville, qui s'étend au nord. Les maisons sont en bois, à un seul étage. La ville est plate et nue. On n'y trouve pas de monuments. Le sol n'offre aucune consistance, et il est difficile d'y asseoir des fondations solides. Ni théâtres, ni édifices d'aucune sorte. Le palais de justice n'est pas un palais; l'hôtel du gouverneur n'est pas un hôtel; aucune architecture, aucun art, aucun caractère. Au loin, en face, le château d'eau Gueydon, qui atténue la monotonie de cette platitude.

Au centre de la savane, au milieu d'un cercle régulier formé par d'immenses palmistes, se dresse la statue de l'impératrice Joséphine, négligée, délaissée et salie de coulées d'une mousse fuligineuse qui la ronge comme une lèpre.

Les allées, endormies sous l'ombre, ne s'éveillent que vers cinq heures du soir, lorsque les fonctionnaires, après la fermeture des bureaux, viennent y chercher la fraîcheur. On y respire plus à l'aise lorsque la brise de terre se lève, vers le soir; on cherche à y oublier les ennuis du jour; on y commente les nouvelles du dernier courrier, et on y parle intimement de la France.

Louis Garaud.

JEUNE MULATRESSE.

www.ingramcontent.com/pod-product-compliance
Ingram Content Group UK Ltd.
Pitfield, Milton Keynes, MK11 3LW, UK
UKHW022200190726
13855UKWH00004B/1567